AF343105

*Assurance Mutuelle Gratuite
Contre la ruine
des assureurs maritimes*

PARIS, le 15 octobre 1848.

Monsieur,

Le sacrifice que je vais m'imposer, dans l'intérêt du Commerce maritime, serait au-dessus de mes forces s'il devait être fait en même temps que celui de la publicité à donner à mon projet. — Aussi, je viens faire un appel à votre condescendance, en votre qualité de publiciste, pour faire apprécier les intentions que je manifeste dans l'introduction de mon nouvel ouvrage, qui constituera un véritable complément de tous mes Manuels de l'Assureur et de l'Assuré.

Veuillez agréer, Monsieur, mes salutations distinguées,

Le *Directeur* du *BUREAU-INTEGRITAS,*

AUGUSTE MOREL.

ASSURANCE MUTUELLE GRATUITE

CONTRE

LA RUINE DES ASSUREURS MARITIMES.

AUX ASSUREURS MARITIMES.

Annoncer une publication périodique qui aurait pour but de tenir les Assureurs maritimes au courant de ce qui se passe sur chaque Place d'assurances, afin de les prémunir contre le danger de s'entre-ruiner les uns les autres; quelle que fût la modicité du prix de cette publication, quels que fussent les avantages qu'on pût en retirer, le nombre des abonnés serait si petit qu'il serait impossible d'arriver jamais à faire ses frais.

Aussi, ne nous faisons-nous aucune espèce d'illusions à cet égard.

Non-seulement nos renseignements ne coûteront rien, mais bien plus, nous ne voulons pas que les souscripteurs se donnent la peine d'affranchir leurs lettres, pas plus celles qui auront pour but de s'inscrire comme abonnés à notre publication, que celles qui tendront à coopérer à notre œuvre, afin de multiplier les services qu'elle est appelée à rendre.

De tous temps, une publication de ce genre aurait rendu de grands services; mais dans certaines périodes de l'existence des Assureurs, les avertissements, les renseignements ne sont pas écoutés.

Aujourd'hui, il y a une chance d'être écouté, et il y a urgence de consolider la tendance générale qui existe vers une réforme complète dans la manière d'opérer des Assureurs maritimes.

Ce qui nous a déterminé à ne plus différer l'exécution de notre idée, c'est de voir des Assureurs, instruits par une expérience désastreuse, avoir arrêté entre eux un tarif de primes pour les mois d'août et de septembre, sur des bases auxquelles nous ne pouvions tous qu'applaudir, et en être réduits, à l'approche du mois de novembre, à rédiger un nouveau tarif portant des primes moins élevées ! — Pourquoi ? — Parce qu'ignorant complétement ce qui se passe sur toutes les autres Places d'assurances, on se laisse influencer par des Assurés qui, ennemis de leur propre intérêt, conspirent contre toute espèce de réforme, lors même qu'elle est provoquée par des faits accomplis qui conduiraient insensiblement des Assureurs à une ruine complète, s'ils devaient se reproduire.

Or, il est prouvé que sur une masse d'opérations d'assurances, la plus petite fraction ajoutée à la moyenne des primes aurait transformé en bénéfice le déficit qui existe.

Cette fraction est imperceptible pour les Assurés; elle est immense pour les Assureurs.

Et quelle différence en faveur des Assurés lorsque

les Assureurs prospèrent ! — Non-seulement les liquidations de sinistres s'opèrent plus promptement, mais bien plus libéralement.

L'Assureur qui perd de l'argent se démoralise, voit de la mauvaise foi partout ; il devient vétilleur et dégoûte en définitive l'Assuré de bonne foi de l'envie de recourir au bienfait de l'assurance.

Donc, c'est un intérêt mal entendu de la part des Assurés, que de prétendre vouloir retenir des Assureurs dans une voie vicieuse et désastreuse.

Les Assureurs, depuis dix-huit mois, sont plus que décimés ; et nous traversons une époque à laquelle il ne serait pas facile de combler les vides, que les Assurés ne se fassent pas d'illusions à cet égard. — Que ces vides s'agrandissent encore dans la même proportion, et l'on ne sera plus longtemps à reconnaître que payer des primes d'assurances qui ne compensent pas les chances, constitue la plus sotte des économies. — Mais hélas ! il sera trop tard.

C'est conséquemment aussi bien dans l'intérêt des Assurés que dans l'intérêt des Assureurs, que nous allons mettre sous les yeux de ces derniers non-seulement les résultats d'une longue expérience, mais encore tous les renseignements, tous les calculs qui tendront à faire atteindre le but que nous nous proposons.

La première chose que nous nous appliquerons à démontrer, c'est l'immense parti qu'il y a à tirer des renseignements sur navires que donne le *Registre-Veritas*, et qu'on ne tire pas, en commettant la plus grossière des erreurs qu'un Assureur puisse commettre : assurer a la même prime et les meilleurs navires et les navires les plus médiocres !

Le bel encouragement pour les armateurs conscien-cieux ! — Ne sait-on donc pas que tous les chargeurs de marchandises peu susceptibles de s'avarier, recherchent les mauvais navires, parce qu'ils font une énorme écono-mie sur le prix du fret, et le bénéfice qui résulte de cette économie serait encore bien grand, lors même qu'on décuplerait la prime d'assurance, surtout lorsqu'il s'agit de marchandises d'encombrement et de peu de valeur ?

Cette anomalie doit cesser, et nous voulons y con-tribuer.

Si nous ne sommes pas entendu, du moins n'aurons-nous pas à nous reprocher d'avoir reculé devant le grand obstacle général, la dépense. — Quelques veilles de plus, et la compensation sera acquise.

Que les préventions de la Concurrence s'effacent de-vant l'intérêt général du corps des Assureurs. — Que les adhésions nous arrivent, et nous nous mettrons aussitôt à l'œuvre. — Cet appel préalable aux Assureurs est indispensable pour savoir le nombre d'exemplaires que nous aurons à tirer de notre publication, dont la périodicité variera suivant les saisons.

Nous adopterons le format in-octavo, et ce que nous venons de dire en sera la quasi-introduction.

Le Directeur du BUREAU-INTEGRITAS
AUGUSTE MOREL.

PARIS, le 15 Octobre 1848.

Imprimé chez Paul Renouard, rue Garancière, n. 5.

MUTUALITÉ.

Toute mutualité suppose une contribution ou prime. — Que cette contribution se paie en espèces métalliques ou bien en toute autre matière, elle n'en portera pas moins son nom.

Dans la mutualité que nous proposons aux Assureurs maritimes, nous ne leur demandons que les renseignements qu'ils jugeront de nature à devoir être communiqués à leurs confrères, quelle que soit la localité qu'ils habitent, dans le but de contrebalancer et les incertitudes inséparables de l'ignorance dans laquelle tous les Assureurs se trouvent relativement à ce qui se passe chez leurs concurrents ; et les assertions fausses ou erronées des Assurés ou plutôt de leurs intermédiaires. — En effet, chez les Assurés, la crainte de payer une fraction de plus que le minimum pour telle ou telle espèce de risques, et, chez leurs intermédiaires, la crainte de voir un courtage prendre une autre direction que celle de leur bourse, sont poussées à un tel degré que tout ce qui peut contribuer à ne pas manquer le but désiré est mis en œuvre avec un aplomb et avec une persistance qui finissent toujours par ébranler les plus belles résolutions.

Ainsi, par exemple, que l'Assureur qui a reconnu, après une longue et ruineuse expérience, que la *franchise de cinq pour cent* appliquée aux sucres, aux cafés du Brésil et de Haïti, fasse connaître que sa résolution a été prise de ne plus assurer ces denrées autrement qu'avec la *franchise de dix pour cent*

Si, en 1845, les statistiques que nous avons publiées à l'égard des sucres de La Havane avaient été consultées, les Assureurs d'Anvers et d'Amsterdam ne seraient jamais revenus à leur franchise de cinq pour cent qu'une longue expérience avait fait transformer en franchise de dix pour cent.

Si, en 1846, les Assureurs d'Anvers et d'Amsterdam avaient fait connaître ce qu'il leur en avait coûté de dédaigner les leçons de leurs devanciers, et peut-être même les leçons de leur propre expérience, en dérogeant à une condition dont l'urgence avait été démontrée, jamais il ne serait venu à l'idée des Assureurs de Paris de déroger à leur système de retenues, pour aborder le système des franchises, lorsqu'il s'agissait d'un aliment aussi dangereux que les *sucres*, aliment pour lequel il aurait fallu imaginer le système usité en France, dans la supposition où il n'aurait pas existé.

Au reste, l'école faite à cet égard n'a pas été de longue durée, puisque ce sont aujourd'hui les Assureurs de Londres et de Hambourg qu'on est réduit à aller chercher ; mais quant à ceux-là, rien ne saurait faire changer leur système, et s'ils reçoivent 5, 6, 7 $^0/_0$ de prime pour les retours du Brésil et des Antilles, lorsque d'autres ne reçoivent que 1 1/2 à 2 1/2, c'est que depuis bien longtemps ils ont appris à ne pas opérer en aveugles, et, une fois qu'une expérience a été faite, elle se transmet de pères en fils, et rien, absolument rien, ne saurait les déterminer à ne pas suivre aveuglément ce que l'expérience a enseigné de faire.

En France, au contraire, surgit-il un nouvel Assureur, c'est à ses dépens qu'il veut s'instruire, et il faut qu'il soit secondé par les circonstances pour survivre à son apprentissage. — Il n'y a pas d'entente, d'union, et de cette lacune résulte essentiellement un manque de force.

Aussi longtemps que les capitaux étaient embarrassés de s'employer, dix Assureurs surgissaient à la place de celui qui venait de disparaître; tandis que, dans les circonstances extraordinaires que nous traversons, les Assurances seraient la dernière ressource à laquelle songerait un capitaliste, et dix Assureurs venant à disparaître aujourd'hui, il n'en surgirait pas un seul nouveau ni demain ni après-demain.

Mais revenons à notre point de départ. — Nous avons pris pour exemple le risque le plus chanceux ; prenons-en un, au contraire, parmi les risques le plus recherchables et conséquemment le moins chanceux.

Le *savon* était, il n'y a pas encore bien longtemps, franc de dix pour cent ; à ces conditions c'était un risque favorable ; de dérogations en dérogations, on était arrivé à le rendre l'un des risques le plus défavorables.

En effet, tels et tels assurés prétendent jouir encore de la franchise de 1 %, de la faculté d'abandon, de séries de une à deux caisses, toutes faveurs auxquelles l'esprit de concurrence avait fait descendre maints assureurs en 1845 et 1846. — La place de Marseille avait pris l'initiative de ces abus qui ont entièrement disparu en 1848.

Nous avons vu des Assurés affirmer que ces différentes conditions s'accordaient encore par les Assureurs de Marseille; il y en a même qui ont été jusqu'à administrer la preuve qui leur était demandée; mais cette preuve portait un millésime qui venait excuser ceux qu'on avait encore une fois accusés de leur instabilité. — *Encore une fois* n'est pas de trop, car diminuer en novembre les primes qui avaient été fixées pour le mois de septembre, lorsque les primes ne sont pas fixées pour compenser d'autres chances que celles de la mer, c'est le *nec plus ultrà*, et il faut l'avoir vu pour le croire.

Nos indications régulières, basées sur la *contribution* des Assureurs dans notre *mutualité*, obvieront à tous les inconvénients que nous venons de signaler, et à bien d'autres encore.

Ainsi, sous le rapport des primes, que chaque Assureur détermine le minimum au-dessous duquel il a la ferme intention de ne pas descendre. — Ce minimum servira de point de départ pour faire apprécier à sa juste valeur une assertion contradictoire.

Quant aux primes intermédiaires entre le minimum et le maximum, il y a assez de marge pour évaluer les risques suivant l'opinion de celui qui les souscrit, car le maximum est toujours indéterminé et dépend de cette même opinion.

Malheur aux Assureurs dont le maximum est trop proche voisin du minimum ! — Ce n'est pas d'aujourd'hui que nous l'avons dit : et lorsque nous sommes venu, en 1843, au milieu d'Assureurs dont le maximum et le minimum étaient deux choses identiques, nous avons prédit ce qui est arrivé; mais, à vrai dire, nous étions bien loin de nous douter que nos prédictions se réaliseraient aussi rapidement.

Après que chaque Assureur aura apporté régulièrement la *contribution* que lui auront suggérée les résultats de notre *mutualité*, et après que nous en aurons tiré parti dans l'intérêt de tous, nous sommes convaincu, intimement convaincu, que nous arriverons bien vite à consolider des Institutions bien compromises, et à raffermir la confiance de cette partie sage du Commerce maritime qui commençait à trembler pour l'avenir des Assurances maritimes, surtout lorsque la guerre était imminente.

Le Directeur du BUREAU-INTEGRITAS,

Auguste MOREL.

PARIS, le 31 Octobre 1848.

Imprimé chez Paul Renouard, rue Garancière, n. 5.

TAUX DES PRIMES.

Déjà, en 1843, les Assureurs de Bordeaux s'étaient aperçus que la concurrence abaissait insensiblement le taux des primes d'assurance au-dessous des limites de la saine raison. — Le parti qu'ils prirent au mois de septembre de cette même année de fixer chaque mois un *minimum* pour chacune des primes correspondant à la destination des objets mis en risques, et de s'engager sur l'honneur à ne point souscrire de polices à une prime au-dessous de ce *minimum*, démontre que la nécessité de s'entendre à cet égard y est depuis longtemps appréciée; mais le moyen qui fut employé pour arriver au but désiré péchait par la forme, au point que les tribunaux furent saisis de la question, et des Assureurs furent même condamnés comme s'étant rendus coupables du délit de coalition prévu par l'article 419 du Code pénal.

Depuis lors, le mal n'a été qu'en empirant, et ce ne sont que les leçons de la plus coûteuse des expériences qui aient poussé les primes à un taux qui se rapproche un peu de celui qui, déjà en 1842, avait été reconnu comme insuffisant; et, notons-le bien en passant, les années 1840, 1841, 1842, 1843 et 1844 forment la période quinquennale la plus heureuse qu'un Assureur puisse jamais espérer. — Les sinistres y sont restés constamment au-dessous de la statistique qui ne doit jamais être calculée que sur une période de dix années au moins; et ces périodes décennales ne renferment ordinairement qu'une seule

N° 3

année désastreuse, telles que l'ont été les années 1821, 1836 et
1838. — Les années 1824, 1830, 1834 et 1845 ne furent pas des
années heureuses, tant s'en faut, mais la statistique des pertes
n'a pas dépassé la moyenne des sinistres dans une proportion
susceptible de déjouer les calculs et les prévisions des Assureurs expérimentés. — Si elles ont néanmoins été désastreuses
par le fait, on ne doit l'attribuer qu'à cette masse d'Assureurs
nouveaux surgis à la suite d'une série d'années heureuses, et à la
dépréciation des primes qu'enfante toute concurrence démesurée,
se nourrissant d'illusions, et jugeant l'avenir par le passé, sans
remonter au-delà des années heureuses qu'elle vient de traverser
et auxquelles elle doit et sa naissance et ses abus.

Supposons un instant qu'un nouveau 1836 fût venu surprendre les Assureurs, au lieu d'une année bénigne comme
celle de 1847, qui en est le contraste le plus parfait qu'on puisse
imaginer, où en seraient-ils ces Assureurs à l'heure qu'il est ?

Y en a-t-il beaucoup qui aient calculé les conséquences de
cette possibilité pouvant nous surprendre aussi bien en 1849
qu'en 1850 ? — Qu'on nous permette d'en douter.

Nous leur signalons le danger, et nous leur disons : vous
n'êtes nullement parés contre cette éventualité ! — Il en est
plus que temps cependant, car plus la série des jours sereins
se prolonge, plus la tempête est près de fondre sur nous ; et
plus les tempêtes ont été rares, plus elles menacent d'être suc-
cessives et longues.

Au Commerce maritime, nous lui disons : plus les faveurs
dont vous jouissez aujourd'hui sont grandes, plus le contraste
vous paraîtra indigeste ; et de longtemps vous ne verrez surgir
une nouvelle concurrence qui puisse vous faire espérer ce juste
milieu qui devrait faire l'objet de tous vos vœux, et que vous ne

savez pas apprécier lorsque vous en jouissez. — Nous lui disons de plus : les risques dont les chances ne sont pas compensées par une prime suffisamment élevée, vous conduisent insensiblement au paroxysme de la chicane, sans parler de la lenteur avec laquelle s'exécute tout Assureur que des déficits successifs ont démoralisé. — S'il trouve un moyen quelconque pour esquiver une perte, il en profite sans faire la part des intentions qui ont présidé au contrat d'assurance. — Au contraire, l'Assureur qui est en bénéfice, est large, libéral, ponctuel, et loin d'avoir jamais la crainte qu'on ne vous impose une transaction onéreuse, vous ne devez vous attendre qu'à des surprises agréables dans les cas où votre droit présenterait un côté faible.

Ni d'un côté ni de l'autre, il n'y a conséquemment pas à tergiverser ; et il faut sortir, absolument, à tout prix, de la fausse voie dans laquelle nous nous trouvons tous, et Assureurs, et Assurés.

C'est à quoi nous avons voulu travailler dans l'intérêt de tous.

Est-il nécessaire pour cela de s'entendre, de se coaliser ? — Nullement. — Le *minimum* d'une prime d'assurance n'est pas un objet de fantaisie que chacun évalue à sa façon. — L'évaluation s'en fait naturellement au moyen des statistiques dont on ne s'écartera jamais impunément. — Du moment que le premier apprentissage d'un Assureur est fait, que sa gourme se trouve avoir été jetée, et qu'il a appris à ses dépens que ce n'est pas une avidité largement satisfaite qui conduit aux meilleurs résultats, il lui sera très-facile de ne pas retenir vers lui un risque dont les chances ne lui paraissent pas payées. — Or, presque tous les Assureurs du jour étant arrivés à ce degré de prudence et de sagesse qu'il est si difficile d'atteindre sain et sauf, il arrivera que tout risque non suffisamment payé sera inutilement ballotté, et devra en définitive se soumettre aux exigences générales pour trouver des souscripteurs.

Pour arriver à l'évaluation de ce risque et généralement d'un risque quelconque, il y a différentes statistiques à consulter :

1° La statistique du nombre des navires s'étant perdus dans la navigation qui est en jeu, dans telles et telles saisons.

2° La statistique du nombre des navires faisant une avarie quelconque dans cette même navigation.

3° La statistique qui établit la proportion entre les pertes des navires de différentes classes, de différents âges.

Il y a de plus bien des considérations à prendre, quand ce ne serait que celle d'éviter le travers de certains Assureurs établissant une prime sur la moyenne des pertes qui ont eu lieu pendant toute une année, sans faire la part des avaries, et sans faire entrer en ligne de compte que les *Assurés-Assureurs*, c'est-à-dire ceux qui font l'économie d'une prime d'assurance, ne sont réellement nombreux que dans les six mois de l'année pendant lesquels la statistique des pertes est la moins forte, de façon que les primes sont invariables pour toute l'année, et qu'on souscrit dix fois plus de risques dans les temps où les sinistres sont dix fois plus considérables en nombre, dix fois plus considérables en importance.

Ce qui doit le plus surprendre, avec la mise en pratique d'un pareil système, c'est qu'il existe des Assureurs prédestinés au point de pouvoir y survivre.

Le Directeur du BUREAU-INTEGRITAS,

AUGUSTE MOREL.

PARIS, le 1 Novembre 1848.

Imprimé chez Paul Renouard, rue Garancière, n. 5.

PREMIÈRES CONTRIBUTIONS.

Les Assureurs n'ont pas tous été sourds à notre appel. — Nous allons résumer tout ce que nous avons reçu jusqu'à ce jour. — Nous commencerons par la métropole des assurances du monde entier.

LONDRES. — En 1839, le gouvernement anglais ne se rendant pas compte de la multiplicité des naufrages des années 1836 et 1838, une enquête fut ordonnée; les causes des désastres furent déterminées; mais les moyens d'y apporter un remède ne furent nullement indiqués. — La peur, la démoralisation qu'engendraient chaque jour les nouvelles de sinistres doublaient naturellement les prétentions des assureurs, et pour eux le remède du mal se trouvait dans le mal lui-même. — La chose était poussée à un point que les assurés n'étaient pas moins effrayés que les assureurs, et la peur ne raisonnant pas, les primes les plus élevées se payaient tout naturellement. — Les journaux maritimes, et leurs feuilles supplémentaires, provoquées par le seul enregistrement des sinistres, ne permettaient pas de se créer des illusions sur l'étendue des risques, en supposant qu'ont eût pu s'étourdir sur la violence de ces tempêtes qui duraient soixante-douze heures consécutives, et qui à peine calmées renaissaient plus violentes.

En 1844, 1845 et 1846, les déficits des assureurs ont été prévus. — 1847 les a vus se réaliser. — Les causes de ces déficits avaient cependant été énumérées, définies à l'avance. — Les moyens de les éviter avaient été démontrés. — Personne n'a écouté. — Les éléments ont eu heureusement pitié de cette insouciance ignorante; les tempêtes ont été moins fréquentes, et les naufrages conséquemment moins nombreux que jamais; et si des déficits ont eu lieu, loin de se transformer en désastres généraux, c'est en avertissements providentiels qu'ils se sont transformés : chaque assureur survivant y a puisé une leçon dont l'effet ne sera pas perdu.

Le calme permanent de l'atmosphère a permis d'envisager la question avec calme; et les faits accomplis ont démontré que les

déficits des assureurs prenaient leur source dans les assurances sur *corps de navires*, surtout lorsqu'ils sont âgés *de plus de dix ans;* et surtout lorsqu'ils sont chargés de *charbons*, de *sels*, de *fers*, de *plombs*, de *céréales* et autres cargaisons analogues, soit qu'elles aient l'inconvénient d'être trop lourdes, soit qu'elles aient celui de se désarrimer dans une forte tempête ; et subsidiairement dans les assurances ayant pour objet ces différentes catégories de cargaisons.

L'expérience a démontré que ces assurances n'avaient été aussi onéreuses que parce qu'il n'était pas fait une assez grande différence entre les primes, lorsque les navires étaient ou de *première* (A I), ou de *deuxième* (Æ I), ou de *troisième* classe (E I).

A I (1 1, 3 T, 5 S) comporte le minimum ; Æ I (3/Q) comporte non pas une fraction insignifiante de plus, mais une prime double, triple ; et E I (2 T), à fortiori, comporte une prime quintuple au moins.

L'expérience a encore démontré que les risques des mois d'août, septembre et octobre, dans la zône tempérée, sont tout au plus quintuples de ceux des mois de mai, juin et juillet ; et que les risques des mois de novembre, décembre et janvier, sont plus que décuples de ces mêmes mois de mai, juin et juillet.

Ce qui est bien loin du système des primes identiques en toutes saisons, pour quelque nature de risque que ce soit, à des fractions dérisoires près.

Les primes sont naturellement calculées en raison de cette expérience, et ces calculs sont si diamétralement opposés à ce qui se passe en France qu'il ne sera pas sans intérêt d'en faire connaître quelques-unes, savoir :

Québec à Londres, 5 à 10 %, selon les qualités, l'âge, le tonnage et l'origine des navires.

Honduras à Londres, 6 à 8 %, selon les qualités des navires, et suivant que le capitaine est pratique ou non de ces parages.

Liverpool à Vera-Cruz, 4 à 7 %, suivant les circonstances du risque, soit à l'allée, soit au retour.

La Havane à Cowes, 8 à 10 %, suivant les qualités des navires, suivant l'aliment, suivant le marché destiné à être le port de l'arrivée définitive du navire.

Marseille à Londres, 2 à 4 $^0/_0$: — 2 $^0/_0$ *liquides ;* 2 1/2 $^0/_0$ *savons ;*
                                  3 1/2 *drogueries* , FPA ; 4 $^0/_{10}$ *cé-*
                                  réales FPA.

Rouen à Londres ,	1 1/2 à 2	
Luçon à Gloucester ,	2 1/2 à 3	
Saint-Malo à Marseille,	2 1/2 à 3	Toujours suivant les objets
Bouc à Dunkerque ,	3 à 4	mis en risques , et le na-
Saint-Ubès à Ostende ,	2 1/2 à 3	vire étant de toute pre-
Riga à Landerneau ,	8 à 9	mière classe, âgé de moins
Adra au Havre ,	3 à 4	de cinq ans.
Adra à Hambourg ,	4 à 5	
Bergen à Livourne ,	6 à 7	

Corps de navires : six mois d'automne et d'hiver :

                            avec avaries,   10 à 12 $^0/_0$.
                            franc d'avaries,   6 à 7 $^0/_0$.

En comparant ces primes à celles dont se contentent les Assureurs du Continent, et en considérant bien qu'elles ne sont pas plus élevées que la statistique des pertes ne l'ordonne , on pourra conclure que c'est un vrai miracle que de voir encore tant d'Assureurs sur pieds, après avoir joué si gros jeu pendant les années précédentes. — Cela peut encore réussir , puisque cela a réussi pour quelques-uns; mais est-ce une chance à courir ? — *That is the question.*

ANVERS. — Il n'y avait pas de sinistres et les assureurs ne gagnaient pas d'argent. — Il y avait donc là un vice radical auquel il fallait porter remède. — Les primes s'élevaient bien progressivement, mais pas assez vite, lorsque, le 27 octobre dernier, elles ont reçu une nouvelle impulsion infiniment plus forte que les précédentes.

Cependant, grâce à cette fraction d'assureurs plus avides d'additionner la plus grosse somme possible de primes , sans s'inquiéter si ces primes compensent des sinistres qui ne les frappent pas , des courtiers trouvent le moyen de placer des assurances avec 25 , 50 $^0/_0$ de bénéfice momentané ou provisoire sur la cote. — Si nous nous servons du mot *provisoire* , c'est qu'en toutes choses il faut considérer la fin, et les années se suivent sans se ressembler. — Or, 1848-1849, 1849-1850 peuvent être aussi fécondes en désastres maritimes que les neuf années précédentes, 1839 à 1847 ont été bénignes. — Un seul mois, un seul jour suffit pour métamorphoser la campagne la plus heureuse en désastre. — En 1821, depuis Hambourg jusqu'à Livourne, les assureurs pouvaient encore se féliciter jusqu'au 20 décembre des résultats de leurs opérations. — Les ouragans du 21 au 25 décembre renversèrent toutes leurs illusions.

Et, en 1823, n'est-ce pas le 25 décembre que quatre-vingts navires périrent totalement dans le seul port de Gênes, par l'effet d'une violente tempête du S. S. E. — Une seule nuit a suffi pour déjouer les plus belles espérances d'une foule d'assureurs, sans parler de ceux que ce désastre a ruinés.

Ces possibilités se trouvent toujours suspendues au-dessus de la tête des Assureurs, et ce n'est pas en payant des primes insuffisantes pour compenser les chances ordinaires que le Commerce maritime se mettra à l'abri des conséquences d'un désastre.

Nous l'avons déjà dit : c'est une fraction de prime qui décide du sort des Assureurs ; cette fraction imperceptible pour les Assurés, et répartie entre des masses d'assurances, se transforme soit en désastre, soit en réserve de bénéfices pour parer aux grandes éventualités. — Dans l'hypothèse où cette fraction existe en faveur des Assurés, c'est un appât mensonger, parce que tôt ou tard ils auront à regretter d'en avoir eu la jouissance. — Dans l'hypothèse contraire, c'est de l'argent placé à gros intérêts et dont la dissémination ne frappe sensiblement aucune des spéculations mercantiles auxquelles l'impôt de l'assurance se rattache.

A Anvers, dans cette saison, la progression croissante des primes est hebdomadaire.

Le retour de Saint-Pétersbourg est coté 8 1/2 à 10 %
       de Riga. . . . . 7 1/2 à 9
       de Hambourg. 3   à 7
       de Bordeaux. 2   à 2 1/2
       de Marseille. . . . . . 2 1/2 à 4
       de l'Adriatique . . . . 3 1/2 à 5 1/2
       de New-York. . . . . . 2 1/2 à 4
       du Brésil . . . . 2 1/2 à 3 1/2
       de La Plata. 3   à 3 1/2
       du Mexique . . . . . . 4 1/2 à 5
       des Antilles. 4   à 4 1/2

Si ces primes n'étaient applicables qu'aux meilleurs navires, aux meilleurs aliments, et si l'on faisait entre les navires une distinction toute autre que celle dont on a pris la funeste habitude, elles suffiraient pour parer aux éventualités ordinaires et inévitables, mais cela suffit-il pour l'imprévu, pour les fatalités ? — Encore une fois, qu'on nous permette d'en douter.

Le *Directeur* du *BUREAU-INTEGRITAS*,

Auguste MOREL.

PARIS, le 6 Novembre 1848.

Imprimé chez Paul Renouard, rue Garancière, n° 5.

Conséquences des primes trop modiques. — Échelle de leur dépréciation de 1814 à 1848. — Réflexions.

Quelles sont les conséquences des primes ne compensant pas les chances générales des risques?

Ces conséquences sont d'abord, pour l'Assureur expérimenté et prudent, d'éviter toute espèce de risques chanceux, et, pour le Commerce maritime, de le laisser à découvert précisément pour les risques qu'il lui importerait le plus de voir garantis.

Ainsi, nous voyons des corps de navires cotés 2 T, âgés de 15 à 20 ans, se promener depuis Hambourg jusqu'à Marseille sans trouver un seul Assureur, et s'ils en trouvent, ce sont toujours des agents inexpérimentés ou avides de commissions qui figurent comme apériteurs de ces assurances finissant toujours par rester incomplètes.

Or, aussi longtemps que les primes ne seront établies que pour compenser les meilleures chances, il faudra doubler, quintupler, décupler même toutes les autres, et il en résultera pour l'Assuré un déficit sur son opération.

De plus, les frets déjà si réduits devant subir la diminution qui résulte d'une prime extraordinaire, les mauvais navires ne peuvent s'améliorer, vu que ces améliorations ne se font jamais largement que lorsque les armateurs prospèrent.

Une prime d'assurance sur des navires cotés 2 T, sans parler

des autres cotes inférieures , restera toujours au-dessous des chances qui sont à courir , parce que ce n'est jamais la prime d'un risque souscrit isolément, quelle qu'en soit l'exagération , qui puisse équilibrer les chances : elle n'exerce même aucune influence sur l'ensemble des opérations d'un Assureur. — C'est tout simplement jouer très-gros jeu ; alors le hasard, au lieu du système des probabilités, préside à cette opération d'assurance ; et quelle que soit la bonne étoile de celui qui opère de cette manière, il n'en résulte pas moins que ce sera toujours un faux système qui ne saurait jamais être conseillé parce que tôt ou tard il conduit aux déficits et aux regrets qu'ils engendrent.

Sans doute, le taux des primes doit être plus réduit qu'il y a trente ans, lorsqu'il n'existait pas de bateaux à vapeur pour aller si souvent à propos au secours des navires naufragés ; lorsque les côtes étaient infiniment moins bien éclairées ; lorsque les moyens de sauvetage étaient beaucoup moins nombreux ; et enfin, lorsqu'on opérait aveuglément sans connaître le degré de confiance que méritent les navires.

Mais il y a loin d'une réduction proportionnée à une dépréciation telle qu'il est devenu de toute impossibilité de garantir des risques maritimes sans avoir acquis la conviction préalable que les navires méritent toute confiance sous tous les rapports. — Il y a loin de descendre d'une moyenne de 2 7/8 (celle de l'année 1816) à une moyenne de 1 17/32 (celle de l'année 1847). — Nous ne parlons pas des moyennes des années 1814, 1815 et 1823 qui étaient de 3 1/2, 3 9/16, à cause des chances de guerre appliquées à une certaine quantité de risques.

Si cette dépréciation avait cessé un seul instant d'être décroissante, nous n'aurions pas élevé la voix pour arrêter les Assureurs au bord du précipice que nous voyons tout béant à leurs pieds ;

mais lorsque, au contraire, nous nous sommes aperçu que le terme moyen des primes, qui était en 1834 de 1 5/8 %, descendait encore

En 1835, jusqu'à   1   1/2 %;
En 1836,   1 15/32 %;
En 1837,   1 19/32 %,
En 1838,   1   1/2 %;
En 1839,   1   1/2 %;
En 1840,   1   1/2 %;
En 1841,   1 7/16 %;
En 1842,   1 15/32 %;
En 1843,   1 13/32 %;
En 1844,   1 13/32 %;
En 1845,   1   1/2 %;

et lorsqu'en 1846, après une légère amélioration qui donnait pour résultat 1 9/16, nous avons vu ce terme moyen descendre, en 1847, à 1, 17/32 %. — Lorsque nous calculons que *un seul huitième* sur les *huit cents millions* que souscrivent annuellement les Assureurs de Hambourg, équivaut à un million, lequel million aurait suffi pour aider à se maintenir ces DIX Sociétés que nous voyons en liquidation, d'après le tableau authentique des ventes d'actions faites, le 4 novembre 1848, à la Bourse de Hambourg; — lorsque nous calculons en même temps que la moyenne des primes qui était sur la place de Paris, en 1835, de 1 3/4 %, est descendue insensiblement jusqu'à 1 1/4 %, et que la différence aurait été plus que suffisante pour empêcher TREIZE Sociétés sur *vingt-quatre* de se mettre en liquidation forcée, nous le répétons, il y avait urgence de faire la tentative à laquelle nous sommes occupé.

Nous persévérerons sans nous inquiéter des fausses interprétations données à nos actes, ni des reproches qui nous sont adressés, sous le prétexte que nous contribuons à chasser les affaires des Places où les primes sont élevées vers les Places où elles le sont moins. — Mesquinerie qui n'a pas de nom lorsqu'il s'agit d'un intérêt aussi général que celui que nous avons en vue!

Et nous donc, écoutons-nous notre intérêt particulier en cherchant à étançonner nos Concurrences de droite et de gauche, lorsqu'elles menacent ruine, tandis qu'il est on ne saurait plus évident, qu'en travaillant à saper les bases de leur solidité compromise, nous arriverions à doubler en très-peu de mois le nombre de nos opérations pour lesquelles les ressources ne nous manqueront jamais, parce qu'elles existent sur des Places hors-ligne, ayant toujours suivi un système d'opérations tel que celui que nous voudrions inculquer autour de nous?

Notre nombreuse clientèle serait là pour l'attester : loin de porter jamais la plus petite atteinte au crédit, à la confiance des Assureurs concurrents, nous avons toujours indiqué les sources auxquelles on pouvait puiser les avantages qu'on désirait obtenir de nous, et que nous ne pouvions pas accorder. — Ce ne sera jamais en dénigrant qu'on arrivera à captiver la confiance, mais bien au contraire en ne se faisant jamais mésestimer par ceux qui vous écoutent, dans les plus petits procédés. — Toujours nous avons rendu le bien pour le mal; aucune espèce de circonstance ne saurait altérer nos principes à cet égard : aujourd'hui moins que jamais, parce que plus nous avançons dans notre carrière, plus ces principes se consolident; tant il est vrai que la première condition d'un bonheur parfait ici-bas est de conserver la paix avec sa conscience.

Le Directeur du BUREAU-INTEGRITAS,

Auguste MOREL.

PARIS, le 15 Novembre 1848.

Imprimé chez Paul Renouard, rue Garancière, n. 5.

Communications. — Concurrence mutuelle. — Contributions.

Avant d'arriver aux renseignements qui nous ont été transmis comme *contributions* par des Assureurs inscrits comme membres de notre Mutualité, qu'on nous permette une petite digression.

Nous avons déjà dit, en d'autres circonstances, qu'il n'y avait pas la moindre identité entre les opinions et les systèmes des *Assureurs-succursalistes* et des *Assureurs-métropolitains* ; nous avons même signalé maints et maints cas de *concurrence mutuelle* ; mais nous n'avions pas soulevé une question toute neuve, celle des *dommages-intérêts* réclamés par un *succursaliste* pour des assurances enlevées par une concurrence moins scrupuleuse. — Laissons parler le plaignant :

« Vous me refusez d'assurer à 7 %, *francs de toutes avaries*, « deux navires dont la préférence m'est acquise par des liens de « parenté, et cela, parce qu'ils sont cotés 2 T et âgés de plus de « quinze ans ! — La *Générale* (c'est son agent, bien entendu) « m'a enlevé ces deux assurances à 6 %. — C'est un préju- « dice de *quatre-vingt-deux francs, cinquante centimes* « (fr. 82, 50) que vous m'occasionnez, et vous ne trouverez con- « séquemment pas extraordinaire que je porte cette somme à « votre débit. — La *Générale*, depuis trente ans qu'elle opère, « doit aussi bien savoir que qui que ce soit, ce qui est à prendre « ou à laisser en fait de chances maritimes.

« En obtenant 1 % de plus que la *Générale*, c'est le *nec plus* « *ultra* de ce que vous pouviez espérer. — Il n'y a pas de milieu : « il faut ou savoir se mettre *à la hauteur* du Doyen des Assu- « reurs de la France, ou bien il faut abandonner la partie, sinon « en Belgique, du moins en France. »

N. 6.

Nous sommes bien loin de contester à la *Générale* son expérience ; mais nous contestons l'expérience de son Agent ; c'est au point que nous sommes convaincu que la *Métropole* ne fait pas de ces affaires-là, sinon nous aurions recommandé à maints armateurs, que nous avions mis dans l'embarras en n'acceptant pas leurs assurances, et la *Mutuelle* et la *Générale*, tandis que nous n'avons recommandé que la *Mutuelle* dont ces sortes d'assurances forment la spécialité, et qui doit avoir à leur égard des données particulières auxquelles nous ne sommes nullement initié.

La conclusion de notre Agent n'est pas moins originale que sa prétention à des dommages-intérêts est singulière : — Nous mettre dans l'alternative de devoir monter sur des échasses pour tâcher d'atteindre la hauteur des Agences de la *Générale*, ou bien de devoir nous abstenir de toute espèce d'assurances !

En attendant que nous prenions le temps d'y réfléchir très-sérieusement, voici un autre cas de *concurrence mutuelle* qui n'est pas moins piquant :

Un de nos anciens clients, devenu par boutade l'inséparable de la *Générale*, se trouve être armateur d'un navire coté 2 T présente inutilement sur la place de Paris à tous les Assureurs y compris la *Générale*. — Toujours sans rancune et toujours prêt à rendre service au plus enragé de nos antagonistes, nous expliquons à cet armateur et l'impossibilité de nous rendre à ses désirs, et les regrets sincères que nous en éprouvons ; et pour arriver à lui prouver la sincérité de ces regrets, nous lui donnons la clef de la garantie la plus désespérée, en lui indiquant telles et telles Agences de la *Générale* dont la sensibilité n'est susceptible de résister à aucune épreuve.— Cela n'a pas manqué, et nous recevons aujourd'hui même une lettre de remercîments pour cette indication qui a porté ses fruits.

Dans d'autres cas, les risques étant recherchables, nous avons vu des armateurs, des assurés sur marchandises, trouver la prime de la *Générale* de Paris trop élevée, et obtenir de ses Agences non-seulement 25 °/₀ de rabais, mais de plus le remboursement intégral que nous avions évalué à 25 %, en sus. — Plusieurs de ces faits ont été articulés vis-à-vis du Comité des Assureurs Parisiens, afin de bien le convaincre que ce ne serait jamais le *Bureau-Integritas* qui travaillerait au rabais.

HAMBOURG. — Comme les statistiques commerciales maritimes seraient plus complètes si, à l'instar des Assureurs de Hambourg, tous les Assureurs publiaient chaque année l'ensemble de leurs opérations depuis le premier jour jusqu'au dernier !

Quelle source d'observations et en conséquence d'enseignements pour les observateurs, en fait d'assurances maritimes !

Quelle place d'assurances pleine d'avenir que celle où les souscriptions sont montées graduellement, sans le plus petit point d'arrêt, de *quarante millions* (chiffre de 1814), à *trois cent soixante millions* (chiffre de 1847) !

Et ce taux des primes qui, étant en moyenne de 3, 9/16 % descend dans un sens inverse de graduation à 1, 17/32 % !

Et ces Assureurs dont la moyenne de la prime descend jusqu'à 31, 30, 29/32 %, réalisant de bien plus gros bénéfices que ceux dont la moyenne des primes varie entre 1 1/4 et 1 1/2 % !

Et ces Assureurs, dont la moyenne des primes monte jusqu'à 2 %, qui tous sans exception sont en perte !

Au résumé, on nous fait l'énumération de *trente-quatre* Compagnies d'assurances, dont

      10 sont en liquidation forcée ;

      10 sont menacées d'une liquidation plus ou moins éloignée ;

      5 traînent une existence remplie de péripéties ;

      et 9 sont en voie permanente de prospérité.

      34 nombre égal.

Pour prospérer avec une moyenne de prime qui descend jusqu'à 29/32, il est évident qu'il faut en être arrivé au point d'avoir une clientèle assez nombreuse pour écarter les risques les plus chanceux, les seuls qui ne soient pas assez payés ; ou bien il faut savoir se résoudre à rester les bras croisés pendant les cinq ou six mois de l'année qui donnent les primes les plus élevées, mais toujours insuffisantes relativement aux chances à courir.

Depuis le mois d'août, les primes de Hambourg n'ont pas discontinué d'être hebdomadairement progressives; et comment cette progression s'arrêterait-elle lorsque, pour ainsi dire le même jour, les Assureurs ont eu à enregistrer *cinq* pertes totales frappant des navires hambourgeois, et attendus d'un seul point du Globe, savoir :

Jacmel-Packet, *Washington*, *J. Marbs*, tous trois de Hambourg, et attendus de Haïti à Hambourg; *Porc-Epic* et *Tenessee*, navires étrangers, mais venant également de Haïti et de la mer des Antilles à Hambourg.

La cote des primes n'est jamais applicable qu'à des navires cotés au moins 1. 1. 3 T à 5 S, et le minimum ou le maximum dépendent du plus ou du moins de susceptibilité de l'objet mis en risque.

Les *corps de navires* donnent lieu à une prime exceptionnelle. — S'ils sont cotés 3 Q ou âgés de plus de dix ans, les assurances ne sont voulues que *franches d'avaries*, et s'ils sont cotés 2 T ou âgés de plus de dix ans, les assureurs ne veulent plus en entendre parler.

Sur *vingt-quatre* sociétés, il n'y en a plus qu'*une seule* qui souscrive encore des assurances annuelles, sans guerre bien entendu, mais pas autrement que *franches d'avaries*, et ce, moyennant la prime de 6 ou de 7 % selon leur cote de confiance.

En un mot, les Assureurs deviennent de moins en moins traitables, le taux des primes ne leur permettant plus de ces condescendances auxquelles on se laisserait aller si la branche des Assurances était en pleine prospérité.

Le Directeur du BUREAU-INTEGRITAS,

Auguste MOREL.

PARIS, le 17 Novembre 1848.

Imprimé chez Paul Renouard, rue Garancière, n. 5.

Assurances sur corps de navires. — Statistiques diverses.

Consultons tous les Assureurs qui existent ou ont existé sur toutes les Places d'assurances maritimes, et nous nous convaincrons que les assurances sur corps entrent pour les trois quarts dans les déficits qui ont provoqué la liquidation forcée des uns, et dérangé l'équilibre des autres.

Ce n'est pas d'aujourd'hui que date cette remarque, mais bien de dix, vingt, trente et quarante ans.

Que d'écoles désastreuses ont dû être faites par les Assureurs de *Trieste*, de *Gênes* et de *Livourne*, avant qu'ils n'eussent unanimement pris la détermination de ne jamais payer une avarie quelconque sur les corps de navires !

Quelle expérience coûteuse que celle qui a dû pousser les Assureurs de *Hambourg*, de *Brême*, de *Lubeck* et de *Copenhague* à adopter unanimement l'usage de laisser toujours les *cinq sixièmes* de toute avarie sur corps n'ayant pas naufragé, à la charge des armateurs, et conséquemment de ne jamais en rembourser plus d'*un sixième* !

Que de tribulations, que de désappointements, que de mystifications occasionnés à tous ces armateurs qui, se laissant séduire par les avantages apparents des usages de Londres, avaient transporté l'assurance de leurs navires sur cette place ! — Pourquoi ? — Parce que l'expérience a fait reconnaître aux Assureurs anglais que les assurances sur corps seraient impossibles telles que les armateurs les entendent, et chaque règlement d'avaries donne toujours lieu à une improvisation d'usages, de caprices, d'arguments arbitraires qu'il faut avoir vus ou entendus plusieurs fois pour rendre justice à la fécondité de l'imagination de celui qui énumère les motifs d'élimination pour telles et telles sommes réclamées.

Amsterdam presque seule reste inébranlable dans son système d'assurance pour les corps de navires, quelles qu'en soient les qualités médiocres, et cela grâce à son système d'immense division pour les risques chanceux ; ressource qu'aucune Place d'assurance ne présente à un aussi haut degré.

Si nous disons Amsterdam *seule*, c'est qu'Anvers tergiverse

et commence un peu tard à faire l'addition de tous les mécomptes que lui ont occasionnés les assurances sur corps.

Et que signifient ces mécomptes pendant des années telles que 1844, 1845, 1846, 1847 et 1848, qui, à elles cinq, n'ont enlevé à la marine marchande belge que *vingt-trois navires*, tandis que la seule année de 1836 lui en enlevait *vingt-quatre*, et la marine belge était alors moins nombreuse qu'aujourd'hui !

Quant aux Assureurs français, ils sont doués, à l'égard des assurances sur corps, d'une persévérance à toute épreuve ; car il en faut lorsqu'on a des Colonies comme celles de Bourbon, du Sénégal, de Cayenne, de la Martinique et de la Guadeloupe, où non-seulement les navires s'éclipsent, comme partout ailleurs, lorsqu'ils sont frappés par des naufrages ; mais où ils s'escamotent, aux dépens de qui il peut appartenir, au moyen d'une condamnation, lorsque souvent la plus petite réparation les remettrait en état de naviguer.

L'année 1848 n'est pas encore révolue, et nous n'avons pas moins de *vingt-sept* condamnations enregistrées depuis le 1ᵉʳ janvier. — Ce chiffre nous semble à nous-même si exagéré que nous craignons d'avoir fait une erreur d'addition, et nous appelons à notre secours tous ceux qui nous lisent pour la vérification du tableau énumératif suivant :

	NAVIRES et CAPITAINES.	CONDAMNÉS A:		NAVIRES et CAPITAINES.	CONDAMNÉS A:
1	ANTIGONE, Leclercq.	La Martinique.	14	INDIANA, Bonnet.	La Martinique.
2	ANTOINETTE, Gossein.	Rio-Janeiro.	15	JOSÉPHINE, Salmon.	Moulmain.
3	ATHÉNAIS, Lamouroux.	La Martinique.	16	MALABAR, Desonnais.	St.-Thomas.
4	BALLOCHAN, Canaud.	St.-Thomas.	17	HARIA, Vagnon.	La Martinique.
5	BÉRANGER, Richardeau.	Idem.	18	MELCHIOR, Huberson.	St.-Thomas.
6	CAROLINE, Bachelet.	La Guadeloupe.	19	MEXICO, Luforestier.	Fayal.
7	COMMERCE-DE-PARIS, Got.	Rio-Janeiro.	20	NAPOLÉON, Lecourtois.	La Guadeloupe.
8	COURRIER-DE-LA-SEINE-INFÉRIEURE, Millet.	Montevideo.	21	PHILADELPHE, Isnard.	Rio-Janeiro.
9	DIAMANT, Gavoty.	La Martinique.	22	RÉUNION, Thayer.	Valparaiso.
10	ÉCONOMIE, Eon.	Ilfracombe.	23	ROGER-BONTEMPS, Tanqueray.	Charleston.
11	ERNESTINE, Thibaudeau.	La Martinique.	24	TAPORICA, Legrand.	La Guadeloupe.
12	GANGE, Williers.	Honolulu.	25	THÉLAIRE, De Penguern.	Maurice.
13	HAVRE-ET-MARTINIQUE, Leloup	La Martinique.	26	UNI, Jubin.	Haïti.
			27	VICTORINE, Pradère-Niquet.	St.-Thomas.

Il y en a bien vingt-sept, ma foi, et nous en connaissons encore quatre dont la condamnation indubitable nous sera signalée par les prochains courriers des Açores, des Antilles et des Grandes-Indes.

Sur ces vingt-sept navires, il y en a *dix* qui naviguent, et qui navigueront peut-être encore longtemps ; bien plus, il y en a deux qui en sont déjà à leur seconde condamnation, et qui sont peut-être encore en voie de résurrection.

En attendant que nous établissions des statistiques générales plus complètes, constatons quelques faits qui aideront à se rendre compte jusqu'à quel point les assurances sur corps sont dangereuses aux primes dont les Assureurs se contentent.

Nous commencerons par constater que le nombre des navires qui périssent corps et biens, sans qu'on sache ni la manière dont cette perte s'est effectuée, ni les lieux qui en ont été témoins, dépasse la proportion d'un tiers à un demi pour cent par an ; et que le nombre des pertes totales a varié, selon les contrées, selon les pays, entre *quatre* pour cent, grand minimum, et *dix* pour cent, grand maximum, en 1847, l'année la plus heureuse qui ait été observée depuis longtemps.

Des 14,900 navires anglais, les seuls dont nous puissions nous servir comme base, et laissant de côté tous les navires au-dessous de 50 tonneaux, 74 n'ont plus donné de leurs nouvelles, soit 1/2 %, et 533 se sont perdus totalement, soit 4 %.

Dans les pertes totales ne figurent pas les navires naufragés, renfloués, réparés et s'étant remis à naviguer.

Nous n'avons pu enregistrer que vingt navires français restés sans nouvelles ; mais ce travail est fort incomplet, vu qu'il n'existe aucune source officielle à laquelle on puisse puiser ces renseignements. — Quant aux navires français perdus totalement, leur nombre a été de 345, soit plus de 6 % sur les navires dont le tonnage dépasse 50 tonneaux.

La Prusse a perdu 40 navires sur 806, soit 4 %, et cette proportion a été de 10 % pour Memel qui a perdu 9 navires sur 90, et de 7 % pour Dantzig qui a perdu 6 navires sur 91.

La Belgique a perdu 6 navires sur 130, soit 4 1/2 %.
Brême a perdu 8 navires sur 227, soit 4 1/4 %.
Oldenbourg a perdu 7 navires sur 104, soit 7 %.
Trieste a perdu 24 navires sur 609, soit 4 %.
Lubeck a perdu 4 navires sur 30, soit 12 %.
Dunkerque a perdu 14 navires sur 150, soit bien près de 10 %.

La proportion des pertes totales de 1847 sur l'ensemble des navires que renferme le *Veritas* a été de 3 3/4 % sur plus de 20,000 navires; mais il faut calculer que sur ce nombre il y a environ 4,000 navires autrichiens, italiens, grecs et espagnols qu'il est impossible de suivre d'assez près pour connaître leur sort, vu qu'il existe des ports de mer dont les journaux ne renferment jamais un événement maritime quelconque.

Ce qui porterait à 5 % la proportion de 3 3/4 pour l'ensemble des pertes totales.

Cette proportion a été de

1 1/2 % sur les navires âgés de moins de 5 ans et cotés 1. 1. 3 T ou 5 S.

2 1/2 % sur les navires âgés de plus de 5 ans, et de moins de 10 ans, cotés 1. 1. 3/Q à 5 S.

4 % sur les navires âgés de plus de 10 ans et cotés 2. 1. 3/Q jusqu'à 2 T.

5 1/2 % sur les navires âgés de 15 ans, au moins et cotés 2. 2. 2 T.

8 % sur les navires âgés de plus de 15 ans et cotés depuis 2 T jusqu'à la cote la plus inférieure.

En 1846 et 1845, cette proportion avait varié entre 15 et 18 % pour la dernière catégorie (2 T à R); entre 6 et 8 % pour la deuxième catégorie (3/Q à 2 T); et entre 4 et 6 % pour la première catégorie (3 T à 5 S).

En 1836, l'Assureur qui aurait assuré tous les navires belges à moins de 18 1/2 %, aurait été en déficit!

En 1837, l'Assureur qui aurait assuré tous les navires belges à raison de 2 1/2 % l'an, aurait réalisé un bénéfice.

Contraste des plus frappants qui constitue deux extrêmes s'étant suivis de bien près, lesquels servent à démontrer aussi clairement que possible combien peu l'Assureur doit compter sur les faits qui s'accomplissent dans le moment où il opère. — Les années heureuses doivent servir à faire des réserves pour parer aux années désastreuses, et nullement à baser de faux calculs qui conduisent immanquablement à une liquidation forcée.

Le Directeur du BUREAU-INTEGRITAS,

AUGUSTE MOREL.

PARIS, Le 20 Novembre 1848.

Imprimé chez PAUL RENOUARD, rue Garancière, n. 5.

Assureurs-Mécaniques. — Assurés-Assureurs. — Uniformité vicieuse des Primes.

Le mécanisme qui existe dans la souscription des risques, chez certains Assureurs, mérite d'être signalé, autant dans l'intérêt du sens commun que dans l'intérêt du commerce des assurances maritimes.

La question à traiter se présente sous quatre rapports bien distincts; savoir : *uniformité de primes*, quelles que soient les qualités des navires présentés à l'assurance; — *uniformité de primes*, quelle que soit la nature des objets à assurer; — *uniformité de primes* pour les voyages de sortie ou d'entrée, autrement dits d'allée et de retour, malgré la différence des dangers de la navigation, soit à cause de la nature des cargaisons, soit à cause des circonstances atmosphériques; — et finalement *uniformité de primes*, quelles que soient les circonstances des risques, soit sous le rapport du retard apporté dans l'assurance, soit sous le rapport des nouvelles de tempêtes et de sinistres survenues avant le moment de contracter.

QUALITÉS DES NAVIRES. — Quelle différence les Assureurs font-ils généralement entre les meilleurs navires et les plus médiocres?

Aucune! — car nous n'appelons pas, une différence de prime, ce *huitième pour cent* que les Assureurs demandent en sus du minimum de leur tarif, lorsque les primes sont de 1, 2, 3, 4, 5 %. — Et encore combien d'Assureurs ne la font-ils pas cette différence!

Quelques Assureurs ont appris tout récemment à leurs dépens à établir une certaine différence pour les assurances sur corps de navires; mais comme ils sont encore loin de la véritable proportion à établir suivant l'âge, suivant le degré de confiance, suivant la capacité, suivant la valeur

N. 8.

NATURE DES OBJETS ASSURÉS. — Quelle différence les Assureurs font-ils entre les meilleurs aliments, et les aliments repoussés par de coûteuses expériences ?

Aucune ! — Tous les jours nous voyons assurer les *charbons*, les *sels*, les *fers*, les *plombs*, les *marbres* aux mêmes primes que des *liquides*; — les *cafés*, les *sucres* s'assurer aux mêmes primes que les *cotons*, et ainsi de suite.

DANGERS DE LA NAVIGATION. — Quelle différence les Assureurs font-ils entre les risques de sortie et les risques de retour?

Aucune ! — Ainsi par exemple :

L'allée et le retour de la Baltique sont cotés de la même manière; et il y a souvent une différence de 50 % à établir.

L'allée et le retour d'un port de la mer du Nord à un port du golfe de Gascogne, à un port d'Espagne, à un port de la Méditerranée, sont cotés sans la plus petite nuance de différence; et il y en a cependant une immense à établir, non-seulement à cause de la nature des cargaisons, mais bien plus à cause des dangers de la navigation qui n'ont aucune analogie entre eux, si ce n'est la longueur du chemin à parcourir, l'une des choses les plus accessoires.

L'allée et le retour de la mer Noire sont taxés d'une manière uniforme, et ces risques ne se ressemblent pas. — Sur vingt relâches à Malte, il n'y en a pas cinq qui soient relatives à des navires allant à la mer Noire, tandis que les quinze autres sont toutes faites par les navires qui en reviennent.

L'allée et le retour des États-Unis se ressemblent encore moins. — Une prime triple pour le retour compenserait à peine la différence dans une infinité de cas, et les primes de ces deux risques sont identiques !

L'allée et le retour du Brésil, des Grandes-Indes, des mers du Sud sont taxés uniformément, et des primes doubles pour le retour compensent à peine la différence qui existe entre ces deux espèces de risques.

L'allée et le retour des Antilles, du golfe du Mexique, du Canada, sont évalués sur le même pied, et des primes doubles, triples, quadruples même, ne compensent pas la différence des chances dans une infinité de cas. — Nous enregistrons dix pertes totales pour les retours de Haïti, lorsqu'à peine nous en enregistrons une pour les navires qui se rendent dans cette île. — Même proportion entre les navires périssant en venant de Québec et périssant en y allant.

RISQUES IRRÉGULIERS. — Quelle différence de prime les Assureurs établissent-ils entre les assurances proposées à l'heure précise par ceux qui se font assurer par principe, et entre les assurances que des *Assurés-Assureurs* ne proposent que lorsque la peur a commencé à les gagner ?

Aucune ! — Et c'est pourtant le système le plus contraire aux intérêts des Assureurs qui encouragent de cette manière certains Assurés à attendre le dernier moment, et qui contribuent conséquemment à diminuer le nombre des assurances. — En effet, le jour où les Assureurs adopteront la mesure de ne plus souscrire que moyennant une prime décuple, tous les risques irréguliers, surtout lorsque c'est l'état de l'atmosphère qui en provoque la demande de garantie, le nombre des *Assurés-Assureurs* diminuera comme par enchantement.

Il est vrai que l'inexpérience et encore plus l'avidité des Agents seront toujours le plus grand obstacle à la disparition du vice radical que nous signalons, surtout lorsque ces Agents sont tacitement autorisés à faire de la *concurrence mutuelle* ; mais à force de nous appesantir sur le ridicule de ce système, peut-être parviendrons-nous un jour à le déraciner.

En attendant, nous venons de voir des Agences souscrire au grand minimum, et même au-dessous de la cote des primes de leur Métropole, les risques suivants :

Marseille à Alger, navire parti trois jours avant la tempête du 5 novembre qui a fait périr, à proximité les uns des autres, les huit navires suivants : le vapeur *Périclès*, et les navires à voiles *Evangelistria*, *Jean-Jacques*, *Mère-de-la-Garde*, *Marie-Joséphine*, *Saint-Justin*, *Saint-Vincent*, *Sophia*, et *Victor-Hugo*.

Bordeaux à Saint-Valery-sur-Somme, connaissement du

20 octobre ; mise en mer du 31 ; sans prendre en considération les tempêtes du 3 et du 4 novembre, pas plus que les navires perdus corps et biens près d'Oléron et près du Conquet, sans qu'on ait rien pu découvrir à leur égard.

Cette à Dunkerque, connaissement du 9 octobre, après quarante jours de mer, et il n'avait fallu que quatre jours pour recevoir ce connaissement.

Stockholm à Brest, navire parti le 15 octobre, et ayant dû se trouver dans la tempête du 26-27 octobre qui a occasionné tant de sinistres dans le Cattegat.

Terre-Neuve à Cette, navire parti fin septembre ; et les conséquences des ouragans des 15 et 27 octobre sont encore inconnues.

Bordeaux à New-York, expéditions du mois de septembre, assurées sept semaines après, et les journaux maritimes ne mentionnent que sinistres éprouvés par les navires ayant traversé l'Atlantique pendant le mois d'octobre.

SAISONS. — Nous allions oublier l'uniformité des primes en toutes saisons, le *nec plus ultra* du genre ! — Mais, réflexion faite, imposons-nous silence à cet égard, parce que déjà nous sommes parvenu, non sans un grand travail de patience, à découvrir une nuance entre deux ou trois évaluations de risques. — Quelque imperceptible que soit cette nuance, il suffit qu'elle existe ; c'est un progrès qui doit provoquer le respect des critiques ; et nul doute qu'à force de s'attirer réciproquement l'attention sur les différences qui existent entre le solstice d'été (20 juin) et le solstice d'hiver (20 décembre), les Assureurs ne parviennent de leur côté à découvrir une nuance quelconque entre ces deux antipodes atmosphériques !

Le *Directeur du* BUREAU-INTEGRITAS,

AUGUSTE MOREL.

PARIS, le 25 Novembre 1848.

Imprimé chez Paul Renouard, rue Garancière, n. 5.

Risques irréguliers. — Sensibilité extrême de certains Assureurs. — Prime d'encouragement donnée aux Assurés-Assureurs. — Pièces et Faits justificatifs.

Les tempêtes qui ont régné vers la fin de décembre et dans la première quinzaine de janvier, nous ont fourni une nouvelle occasion de nous convaincre de la grande quantité d'assurances qui ne se font pas à l'heure rigoureusement voulue, et qui ne sont jamais offertes aux Assureurs que dans le moment où il existe un danger plus qu'ordinaire.

Quel est le devoir d'un Assureur en pareil cas ? — C'est de ne pas commettre l'injustice flagrante de traiter sur le même pied et les Assurés qui achètent leur garantie par principe, et ces *Assurés-Assureurs* qui spéculent sur une extinction hâtive de leurs risques, ou bien encore qui ne songent à se mettre à couvert d'un sinistre que lorsque la peur les gagne, ayant été instruits par l'expérience qu'il existe toujours des âmes sensibles toutes prêtes à abréger leurs inquiétudes, leurs insomnies, en assumant sur eux des chances devenues extraordinaires, moyennant une prime qui ne dépasse jamais le taux ordinaire, autrement dit le minimum du tarif en vigueur.

En fait d'Assureurs philanthropes, toujours prêts à s'identifier avec la douce quiétude des Assurés attardés, nous devons placer en première ligne les *Assureurs-Agents* inventeurs et propagateurs de ce système tout nouveau que nous avons baptisé du nom de *Concurrence mutuelle*.

Et parmi ces derniers, les Agents de la *Générale* dament le pion à tous les autres.

Un petit exemple tout récent entre les mille dont notre collection s'enrichit tous les jours :

Le 17 janvier 1849, un Assuré de Brest nous présente un connaissement du 23 décembre, relatif au navire *Alexandre*, cap. Cauzic, parti de Dunkerque, le 6 janvier, pour Brest et Lorient, et ayant conséquemment essuyé les ouragans du 10 au 15 janvier.

Nous évaluons le risque à raison de 10 %, mais nous prévenons l'Assuré qu'avant de se déterminer à payer cette prime, il était bien plus naturel d'offrir cette assurance à la *Générale*, de Paris, qui la prendrait certainement à raison de 1 1/2, minimum de la prime que nous avions reçue en décembre, donc avant le départ du navire.

Notre conseil fut écouté avec reconnaissance, et aussitôt suivi, car le 20 janvier, la *Générale*, Agence de Brest, vu les circonstances extraordinaires du risque, réduisit la prime de 1 1/2 à 1 1/4, et souscrivit sa police n° 19,177 que nous avons sous les yeux, et qui ne renferme aucune espèce de restriction relativement à l'époque du départ, malgré la date si vieille du connaissement.

Heureux les Assurés qui ont sous la main une pareille ressource, véritable Providence !

Mille fois plus heureux encore les Assureurs qui prospèrent avec un semblable système d'opérations ! — Leur front doit être incontestablement ceint de ce bourrelet de l'innocence qui les rend invulnérables, et avec lequel on arrive au but malgré tous les faux-pas, en justifiant le proverbe qui leur est applicable : *Aux innocents les mains pleines !*

Autre exemple non moins curieux :

Le 5 décembre, nous recevons de Grandville un ordre d'assurance de 15,600 francs sur le navire *Silence* (de 1818, et coté de confiance à l'avenant), parti le 16 novembre des îles d'Hyères pour Saint-Servan.

Nous répondîmes que nous n'entreprenions jamais que des risques réguliers, dont la contre-garantie fût non douteuse, n'ayant pas la ressource de nous adresser aux seuls Assureurs qui eussent le privilège de souscrire impunément de ces risques à des primes uniformes, pour toutes les saisons, pour toutes les espèces de catégories de navires, soit les Agences de la *Générale* à Brest, à Morlaix ou ailleurs, soit les Agences de la *Mutuelle* à Saint-Malo, point le plus rapproché de Grandville.—Nous ajoutâmes qu'il serait même fort inutile d'offrir une prime aussi élevée que celle de 3 1/2 qu'on nous proposait.

Encore une fois, le conseil fut suivi en tous points, et le sinistre du *Silence*, perdu totalement, le 23 novembre, sur les côtes d'Espagne, n'a pas rejailli sur la fortune de cet armateur qui s'était attardé; et dont la situation critique a naturellement excité la commisération d'un Agent de la *Mutuelle*.—Que mille actions de grâces lui soient rendues par qui de droit!

Malheureusement les *Assurés-Assureurs* sont quelquefois pris à l'improviste, et n'ont pas toujours le temps de faire usage des ressources qu'ils ont sous la main. — C'est précisément ce qui vient d'arriver avec le bateau à vapeur *Unicorn*, construit en 1848, parti le 21 janvier 1849 de Hull pour Anvers, avec plus de 500,000 francs de produits manufacturés en Angleterre, dont une grande partie n'était pas assurée, par l'excellentissime raison que des risques de cette nature sont bien trop peu chanceux pour qu'on s'impose la dépense d'une prime d'assurance. — Le 23 janvier, l'*Unicorn* a sombré par suite d'abordage avec le *Rob-Roy*, autre bateau à vapeur qui sortait de l'Escaut. — Rien n'a été sauvé de ce naufrage qui n'a produit que des réflexions posthumes, et des actes de contrition dans l'esprit de ceux qui n'avaient pas calculé que, pour équilibrer d'aussi petites chances, il fallait *quatre cents* issues heureuses pour lesquelles l'existence d'un *Assuré-Assureur* suffit à peine (*).

(*) Des réflexions analogues, sans application individuelle, reproduites par le *Précurseur d'Anvers*, ont soulevé maintes et maintes colères, chacun des *Assurés-Assureurs*, compromis par se sinistre ayant absolument voulu *se moucher!*

Si le 25 janvier, le sinistre de l'*Unicorn* n'eût pas été connu en même temps que son départ de Hull, que de belles occasions pour les Assureurs, doués d'une âme sensible, de mettre en pratique leurs beaux principes de philanthropie! — Pendez-vous, Agents de la *Générale*, Agents de la *Mutuelle*, vous n'étiez pas là pour engager la responsabilité de vos commettants en prétextant la possibilité de voir la nouvelle de ce sinistre se contredire. — Aux grandes âmes, les grandes émotions!

Terminons ces réflexions par les paroles que nous adressions, le 16 janvier, à tous nos Agents à propos des risques irréguliers que nous repoussions sans miséricorde, et à propos de ce qui se passe en Angleterre en pareils cas :

« ......Ici, en France, que voyons-nous? — Non pas des Assu-
« reurs, mais des *Agents d'assureurs*, assurer à des *primes*
« *d'été* des risques sur connaissements signés en novembre , en
« décembre, sans s'inquiéter des nouvelles, sans s'inquiéter si le
« navire est en retard, ou bien si le navire a pu se trouver com-
« promis par les dernières tempêtes.

« Que signifient alors les exigences que la prudence dicte aux
« Assureurs proprement dits , si elles sont paralysées par les
« condescendances des *Assureurs-Agents!*

« C'est dérisoire au suprême degré, et quoique les flagella-
« tions n'aient plus de prise sur ce monstrueux système, nous
« persistons néanmoins et nous persisterons toujours à saisir
« toutes les occasions pour le ridiculiser, pour le stigmatiser. »

Le Directeur du BUREAU-INTEGRITAS,

Auguste MOREL.

PARIS, le 31 Janvier 1849.

Imprimé chez Paul Renouard, rue Garancière, n. 5.

Conséquences de la baisse progressive des primes. — Statistique d'assurances à Hambourg. — Ce ne sont jamais les Assureurs qui sont trop nombreux, mais c'est leur système d'opérations qui est vicieux.

Si en toutes choses l'on considérait toujours la fin, on y regarderait plus scrupuleusement avant de baisser immodérément le taux des primes d'assurances, surtout après avoir acquis l'expérience que les primes qui ne compensent pas les chances des risques conduisent :

10 assureurs sur 40, à avoir fait pendant quatorze années la plus chanceuse des spéculations, moyennant un bénéfice qui n'équivaut pas au taux ordinaire de l'intérêt légal ;

10 assureurs sur 40, à rester en chemin, après avoir été mis successivement hors de combat ;

10 assureurs sur 40, à être menacés tous les jours d'éprouver un sort semblable à ces derniers ;

10 assureurs sur 40, à traîner une existence des plus fluctueuses.

Et cela sur la Place-modèle, sur la place de Hambourg, la seule sur laquelle les Assureurs savent arriver progressivement à avoir, le 20 décembre, décuplé leurs primes du 20 juin, deux contrastes qui sont des similitudes à Paris et au Havre, aussi bien qu'à Bordeaux, Nantes et Marseille, et qui tendent à en devenir sur la place d'Anvers, si l'on n'y prend garde.

Le nombre des sociétés d'assurances, à Hambourg, se trouve aujourd'hui réduit à *vingt-trois* dont *neuf* seulement sont en voie permanente de prospérité. — En 1838, ce nombre n'était que de *dix-neuf*, et s'il n'est pas plus considérable aujourd'hui, c'est que les années 1843 à 1845, précédées de plusieurs années heureuses, avaient contribué à faire abaisser le taux des primes au-dessous de toutes les proportions, et il en est résulté une *dixaine* de liquidations forcées, conséquence ordinaire des fautes de ce genre qui transforment les années les plus favorables en années désastreuses.

Le taux moyen des primes de 1837, 1, 56 %, était descendu insensiblement jusqu'à 1, 38 %.

Cette seule différence de 0, 18 % sur les 800 millions de marcs souscrits pendant les trois années 1843 à 1845, représente 1,440,000 marcs, lesquels auraient suffi, à peu de chose près, pour balancer le déficit de :

$$300,000 \text{ marcs, en } 1843$$
$$185,000 \text{ » en } 1844$$
$$\text{et de } 1,180,000 \text{ » en } 1845$$

soit   1,565,000 marcs de déficit en trois ans.

Ce déficit dimi-
nué des........ 1,440,000 marcs, conséquence de la baisse de
$$0,18 \text{ %,}$$

aurait été ré-
duit à......... 125,000 marcs.

Mais, si au lieu de remonter seulement à la prime moyenne de 1837, nous remontons jusqu'à la prime moyenne de 2, 5/16 % de 1824, le déficit de . . . . 1,565,000 marcs se transforme en un bénéfice de 5,685,000 marcs, vu que 29/32 % sur 800 millions équi-valent à. . . . . 7,250,000 «

Différence égale . . . . . 5,685,000 marcs

Soit 1,895,000 marcs par an, lequel bénéfice réparti entre trente sociétés aurait fait 63,000 marcs pour chacune d'elles, et trente pour cent environ sur les primes brutes, proportion atteinte et même dépassée par quelques-unes des sociétés en voie de prospérité, pendant l'année 1847.

Sans pousser les choses aussi loin, en faisant remonter la moyenne des primes de 1837 à celle de 1824, il y aurait un juste milieu à observer pour arriver à donner aux Assureurs des bénéfices qui permissent de compenser les chances de ruine qu'ils courent, et c'est ce juste milieu dont on s'écarte tous les jours par le fait d'une concurrence effrénée qui menacera le commerce des assurances d'une ruine totale, chaque fois que des désastres maritimes surgiront, ou bien encore chaque fois que la fatalité frappera la catégorie des risques habituels d'une Place.

Toutes ces réflexions sont basées sur l'ensemble des opérations des Assureurs de Hambourg, pendant quatorze années, de 1835 à 1848, et se résumant par

3,430,000,000 marcs de risques souscrits;
  51,000,000 — de primes reçues, au taux moyen de 1,48 %;
  44,000,000 — de sinistres liquidés, soit 86 % des primes;
   5,000,000 — de frais et d'intérêts payés, soit 9,50 %;
   2,000,000 — de bénéfice net, soit 4,50 %.

Quelle est la spéculation, quelle est l'entreprise qui, indépendamment de l'intérêt de l'argent, ne donne que 4 1/2 % de bénéfice ?

Est-ce là un encouragement qui puisse suffire aux associations d'assurances qu'on ne saurait trop multiplier sur une place maritime, quels que puissent être à cet égard les arguments contraires mis en avant par certaines sociétés existantes ?

Heureusement, le remède est à côté du mal; il suffit de vouloir s'en servir, et nous allons le signaler.

Que les Assureurs se préoccupent plus de maintenir le taux des primes et d'avoir une part modérée de chaque risque, que de s'accaparer les plus gros morceaux possibles, à une prime plus modique que celle de son voisin.

Que les Assureurs apprennent à ne jamais regretter le risque qui leur échappe, parce qu'on n'a pas voulu se soumettre à leur juste appréciation des chances.

Que les Assureurs habituent le Commerce maritime à leur confier tous ses risques, en étant inexorables pour tous les risques irréguliers qu'on ne leur apporte que lorsque la peur s'en mêle.

Que les Assureurs, par leur grande multiplicité, ne reculent jamais devant aucune espèce d'appréciation de chances extraordinaires, du moment que ces chances sont payées ce qu'elles valent.

En effet, quel est l'Assureur qui ne risquerait pas cent à mille francs sur les risques réputés les plus chanceux, si on lui payait une prime en rapport avec les chances à courir?

Mais à quoi aboutirait ce système sur une Place qui ne compte que dix à vingt assureurs? — Tandis que la Place qui renfermera cent à trois cents Assureurs, comme Amsterdam et Londres verra toujours, comme ces deux mêmes Places, le nombre des risques se multiplier en raison de la certitude que le Commerce maritime aura de s'y trouver garanti contre toutes les espèces de chances.

Anvers, qui ne se trouvait pas assez riche de 1819 à 1828, avec le petit nombre d'Assureurs qui ne souscrivaient ensemble que de 10 à 30 millions de risques, parce que les Assureurs de cette époque n'envisageaient que l'intérêt général de la Place, semblerait se trouver trop riche aujourd'hui, s'il fallait en croire quelques-uns de ses Assureurs, parce qu'elle est arrivée à atteindre un chiffre annuel de 80 millions de risques, au moyen de quinze à vingt Assureurs! — Mais, pour être juste, il faut envisager la progression qui a conduit la place d'Anvers à ce chiffre; et nous sommes d'avis que, tant que la progression sera ascendante, il n'y a pas lieu de s'arrêter.

N'est-il pas pénible et triste de voir que, sur une Place d'une importance aussi grande que celle d'Anvers, sur laquelle on ne devrait émettre que des idées larges, on en soit encore réduit à des idées aussi étroites que celles que nous retrouvons reproduites, aujourd'hui même, dans un journal de cette ville, lequel, pour comble de dérision, emprunte son nom au *Commerce* pour se faire passer comme l'interprète de ses véritables intérêts?

Assureur à Anvers, aussi bien qu'à Paris, nous renions de semblables idées de coterie, et nous souhaitons, pour les intérêts de notre ville natale, voir plutôt surgir *cent* Concurrents de plus, que d'en voir *un seul* s'éclipser par une force majeure.

Le Directeur du BUREAU-INTEGRITAS;

AUGUSTE MOREL.

PARIS, le 24 décembre 1849.

Paris. — Imprimerie de W. REMQUET et Cie, rue Garancière, 5, derrière St-Sulpice.